# Haciendo que el Primer Círculo Funcione:

La Base para la Duplicación en el Mercadeo en Red

## RANDY GAGE

Published by Prime Concepts Group, Inc.
115 S. Hydraulic St.
Wichita, Kansas  67211 USA
International: 1-316-942-1111
www.RandyGage.com
www.LeveragedSales.com

Segunda edición.  Impreso en los Estados Unidos de
América.

LCCN: 2014947936
ISBN-13: 978-1-884667-21-3
ISBN-10: 1-884667-21-X

# Dedicatoria

Para Glen y Craig. Gracias por hacer la arenera que me llevó de nuevo al patio de juegos.

# Tabla de Contenido

# También por Randy Gage

## Como Construir una Máquina de Dinero Multinivel
La Ciencia del Mercadeo en Red

## Why You're Dumb, Sick & Broke
And How to Get SMART, HEALTHY & RICH!

## 101 Keys to Your Prosperity

## 37 Secrets About Prosperity

## 7 Spiritual Laws of Prosperity

## Accept Your Abundance!

## Prosperity Mind

# Introducción

Fue durante una gira por América del sur y estaba en algún aeropuerto con José López. Estábamos saboreando una pechuga de pollo, fríjoles y yuca, y él mencionó el evento que yo había conducido la noche anterior.

"Ese entrenamiento que hiciste acerca del primer círculo, podría ser una gran idea para un libro." Me dijo, "Deberías escribirlo." Le dije que ya tenía algunos libros planeados. "Está bien," continuó, "Pero creo que es una muy buena idea y la gente realmente lo necesita. Es muy importante lograr que la duplicación comience."

Así que entre más lo pensaba, más sentido tenía...

Muchas personas buscan la duplicación en los lugares incorrectos o incluso se preguntan si existe. Equivocadamente culpan a su patrocinador o a las personas en su equipo, por sus pobres resultados. Pero eso no aborda el problema real: Nosotros establecemos las características de nuestra organización y modelamos el comportamiento.

Infortunadamente, debido a la naturaleza humana, tal parece que cerca del 90 por ciento de las cosas malas se duplican y solamente entre el 40 y el 50 por ciento de las cosas buenas lo hacen. Entonces, lo que hacemos en la cabeza de la organización tiene un gran efecto en lo que sucede en los niveles inferiores.

Nosotros establecemos la cultura del equipo, y esa cultura se manifiesta por si sola de una manera positiva o negativa. Pero definitivamente se manifiesta de alguna manera.

De eso es de lo que se trata este pequeño libro. Contiene pensamientos poderosos sobre cómo se puede establecer la velocidad del grupo, y determina que tan rápido crece el equipo, que tipo de principios son los que rigen la organización, y el nivel de duplicación que se experimentará en los niveles inferiores.

Este es el componente real de lo que trata el Mercadeo en Red; el Tao del liderazgo. Y como todos los ejemplos de liderazgo verdadero, no se trata de ordenarle a los demás cómo deben actuar, sino simplemente modelar el comportamiento que quieres que ocurra.

La primera persona que lideras eres tú.

Así que espero que tomes la decisión de tomar responsabilidad por tu negocio y dejes de buscar el éxito en otras personas y en otros lugares. Si te comprometes a hacer que el primer círculo funcione, escoges crear el éxito tú mismo, bajo tus propios términos.


Randy Gage
Miami Beach, Florida
Julio de 2010

# Capítulo Uno
## Donde Vive la Duplicación

### La Ley del Primer Círculo

Recuerdo que un día estaba quejándome con mi patrocinador sobre mi equipo. La mayoría de las personas parecían ser perezosas, nunca llevaban invitados a las reuniones, y solo querían esperar a que su propio equipo los hicieran millonarios. Me preguntaba por qué no podían ser más como yo.

Infortunadamente, ese era el problema. Lo eran.

Y eso es lo fascinante sobre este espectacular e increíble, pero demente y frustrante negocio que llamamos Mercadeo en Red. Porque todo lo que hacemos vuelve al primer círculo – el que dice "Tú" dentro de él.

Ahora, ese no es un punto de vista muy popular para compartirlo hoy en día en el negocio. Los planes de compensación de Matriz, Binario y Cuadra-plan, han creado una cultura de derecho en el negocio. Muchas personas exigen que les ubiquen gente en su organización y lo ven como su derecho de nacimiento. Así que, si su patrocinador no les ha construido una buena porción de su estructura, de inmediato culpan a su patrocinador por los pocos resultados exitosos que están experimentando.

Sin embargo otros culpan a su equipo. Es muy fácil responsabilizar a las personas e insistir en que no han hecho lo suficiente para hacernos ricos. Pero, por supuesto, no hay empleados en nuestro negocio y todos lideramos ejércitos de voluntarios.

El cheque de comisiones que recibes cada mes, tiene tu nombre en él, el de nadie más. Una vez que aceptas eso, estás listo para crear el éxito. Y para hacer eso, debes operar de acuerdo con La Ley del Primer Círculo.

Somos responsables por ir primero, probando el camino, encontrando lo que funciona, y luego compartiendo esa información con quienes traemos al negocio. Somos una combinación única de mentor, entrenador, maestro, comandante y socio.

La gente no trabaja para nosotros, trabajan para ellos mismos. Pero, por supuesto, lo que ellos hacen, impactan nuestros resultados e ingresos.

El mejor entrenamiento en Mercadeo en Red que jamás he recibido, vino de fuera del negocio. Lo que me ayudó más que cualquier otra cosa, fue el trabajo que realicé en la Junta de Directiva de mi iglesia y otras organizaciones sin ánimo de lucro, porque en cada caso, trabajaba con un ejército de voluntarios. Y cuando no puedes contratar y despedir personas, estás obligado a aprender cómo inspirar, liderar y asociarte por una meta común.

Así que ahí es donde comenzamos, porque tú puedes hacer todas esas cosas, de acuerdo con la manera como manejes el primer círculo. Y el primer círculo es lo único que realmente puedes controlar...

Puedes decir que vas a patrocinar diez personas este mes, pero no puedes controlar eso, porque cada prospecto toma su propia decisión de firmar o no, la aplicación. Puedes ponerte la meta de alcanzar cierto rango en determinado tiempo, pero, nuevamente, eso tampoco está bajo tu control.

Este libro se trata de las cosas que puedes controlar. Y la paradoja está en que cuando controlas tu propio círculo, eso influencia todos los círculos en tu organización. Tú haces que cierto comportamiento ocurra, pero lo haces modelando el comportamiento tú mismo y siendo el ejemplo que la gente decide duplicar.

Lo que vas a aprender en el camino es que tu no creces tu red. Tú creces tu gente y ellos crecen la red. Pero todo eso comienza contigo, con los principios, comportamientos y cultura con los que lideras. Así que si estás dispuesto, vamos a comenzar…

# Capítulo Dos
## El Poder de la Mente

Cómo la Actitud Afecta Tus Resultados

Es una hermosa mañana de sábado en el Sur de la Florida. Estoy fuera, conduciendo el Viper, en el radio está retumbando "Domino" de Van Morrison. Hay una camioneta pickup negra a mi lado, con la ventana abajo y un cachorro adorable inclinado hacia el viento, solo siendo parte de la escena.

Sus ojos muy abiertos, sus orejas elevadas por el viento y su lengua colgando, demuestra el exquisito estado de nirvana canino que está experimentando. El disco cambia a Stevie Ray Vaughn, y estoy pensando que la vida es muy buena.

El día anterior, uno de los muchachos de mi equipo de softball me llamó a decirme que le habían entrado a robar al auto. Estaba saliendo de la casa de su madre y necesitaba desahogarse, porque ella le había advertido que no dejara cosas dentro del carro y le había dado el rutinario "te lo dije" en lugar de su compasión.

Le pregunté si los ladrones habían roto la ventana. No lo habían hecho, entonces pensé que eran muy buenas noticias, ya que se había evitado esa molestia. Entonces le pregunté si su guante de softball estaba en el auto. Resultó que se lo estaban reparando, así que no estaba ahí. Le comenté lo afortunado que era, ya que los guantes nuevos tardan meses en acomodarse para "sentirse bien." Estuvo de acuerdo en que tuvo suerte, pero mencionó que su viejo bate había sido robado. Le dije que debía estar contento de que fuera su bate viejo, no el nuevo de $300 dólares que había recibido en Navidad.

"Eres un increíble orador motivacional!" exclamó, sonando algo exasperado. "¡Tú ves lo positivo en TODO!"

Me declaro culpable. Creo que hay cosas buenas que provienen de todas las cosas malas y soy muy optimista. Esa es una mentalidad. Y la mentalidad quizás tenga que ver con el éxito, mucho más que cualquier otra cosa que podamos tener. Porque nuestra mentalidad crea nuestra actitud y nuestra actitud determina las acciones que tomamos. O no tomamos.

Si crees que la gente es escéptica, la abordarás con esa duda en tu mente y seguramente se manifestará el escepticismo que normalmente no estaría. Si esperas ser rechazado, probablemente lo serás. Si esperas que los miembros de tu equipo sean negativos y renuncien, probablemente no te van a decepcionar.

Por otra parte, si crees que tu oportunidad es increíble y que alguien estaría loco si no se involucrara, manifestarías más enrolamientos. Si esperas que tu gente se desarrolle y construya el negocio, probablemente lo harán. Las expectativas son una herramienta muy poderosa en tu arsenal para desarrollar liderazgo. Dejarle saber a las personas que esperas grandes cosas de ellos, los inspira y les ayuda a desarrollar la confianza que necesitan para lograrlo.

Ahora, si tú eres como la mayoría de las personas, has sido programado con virus mentales negativos y eso ha generado en ti, que desarrolles creencias y expectativas negativas a nivel subconsciente. (Este es el tema de un libro que escribí previamente, llamado, *Why You're DUMB, SICK & BROKE, and How to Get SMART, HEALTHY & RICH!*)

Cuando tienes creencias negativas, eso puede crear muchos comportamientos que pueden reducir tus posibilidades de ser exitoso en el negocio. Por ejemplo, puedes prejuzgar a la gente y decidir que no estarían interesados. Y como nunca los abordaste, seguramente vas a perder la posibilidad de conseguir algunas personas que hagan el negocio y que lo hagan bien.

Cuando tienes una mentalidad negativa, cada pequeño reto se convierte en una distracción y las distracciones matan el crecimiento. Cada orden retrasada, aumento de precio o cambio en el plan de compensación es una oportunidad para crear una acalorada discusión. Y nadie que participa en estas discusiones está construyendo el negocio.

Cuando tienes una metalidad positiva, las distracciones no te afectan. Las aceptas como parte del proceso y te mantienes enfocado en tu meta.

### Recibiendo la Ayuda que Necesitas...

Francamente, no creo que alguien pueda mantenerse positivo por sí mismo en el mundo actual. Hay simplemente mucha programación negativa en todas partes. Está contenida en todos los canales de los medios de comunicación, en muchas de las personas a tu alrededor (incluso las que tienen las mejores intenciones), e incluso de las organizaciones religiosas y el gobierno. La única manera de mantener tu mentalidad adecuadamente, es a través de dedicarle tiempo diariamente al desarrollo personal para programarse positivamente.

Esto puede ser de la siguiente forma:

• Audios que escuchas
• Videos que ves
• Libros que lees
• Eventos a los que asistes
• Personas con las que te asocias

Ahora, de estos, lo más fácil para hacer diariamente es alimentar tu mente con libros, audios y videos. Tomar el tiempo en la mañana para nutrir tu consciencia antes de salir de la casa, tendrá un enorme efecto en los resultados que tienes durante el día. Atraerás gente y circunstancias vibrando en una consciencia superior.

Pero eso no sucederá por accidente.

Debes tener un programa de desarrollo personal estructurado. Debes tomar el tiempo cada día y hacerlo sagradamente. Las mañanas son mejores para establecer el tono del día, pero también es bueno leer algo positivo antes de irse a dormir en la noche. Deja que tu mente subconsciente tenga buen material para procesar mientras duermes. Nunca veas las noticias antes de ir a dormir y no comiences el día leyendo el periódico. Comienza y termina cada día con programación positiva que contrarreste todo el negativismo al que estarás expuesto el resto del tiempo.

Por favor, no confundas estos recursos de desarrollo personal con las herramientas de entrenamiento del negocio. Vas a necesitar de ambas. Si tu compañía o línea de patrocinio tiene un programa de auto-envío de libros, CD's o DVD's, eres muy afortunado. Ellos te alimentarán bajo una dieta estable del tipo de material que necesitas.

Si no tienes un sistema de suscripción como éste, necesitarás asegurarte de comprar tus propios materiales. Busca cosas que te apoyen en el crecimiento de tu mente, tu cuerpo y tu alma. Tener unos fuertes fundamentos espirituales es de gran ayuda para tener una mentalidad apropiada. Así que revisa con tu líder espiritual, cuáles son los materiales que te pueden ser útiles para tu programa de desarrollo.

Hay algunos materiales clásicos que sin lugar a dudas deben ser integrados en tu programa. Esto incluye los siguientes libros:

*Como Piensa el Hombre*
*Piense y Hágase Rico*
*La Magia de Pensar en Grande*
*El Poder del Pensamiento Positivo*
*Cómo Ganar Amigos e Influenciar Gente*
*La Ciencia de la Mente*
*El Hombre más Rico de Babilonia*

También puedes encontrar programas de audio y video de Jim Rohn, Wayne Dyer y Deepak Chopra, que proveen gran contenido para acelerar tu crecimiento personal.

## Fracasando hacia el Éxito...

En el libro *Como Piensa el Hombre*, hay una sección sobre el fracaso. El autor, James Allen, asegura, "Incluso si él fracasa una y otra vez para conseguir su propósito (como necesariamente debe ser hasta que la debilidad sea superada), la fuerza del carácter adquirido será la medida de su verdadero éxito, y esto formará un nuevo punto de partida para futuros logros y triunfos."

¡Y que tan cierto es eso en nuestro negocio!

¿Realmente entiendes esto? Verás, no se trata de evitar el rechazo o los retos. Los retos son los obstáculos que desarrollan el carácter y las habilidades que al final te permiten prevalecer.

## El Poder de los Sueños...

En nuestro negocio hablamos mucho de los sueños. Esto es necesario, porque son nuestros sueños los que harán que encontremos el tiempo, enfrentemos los miedos y sobrepasemos los retos.

Debes estar dispuesto a luchar por tus sueños en contra del negativismo de la mayoría. Reduce tu tiempo con quienes te roban los sueños.

Se el mayor inversionista en tus sueños. Si no inviertes en ti mismo, probablemente será una mala inversión para alguien más.

Alimenta tus sueños diariamente. Gasta más en tu desarrollo personal de lo que gastas en una cafetería.

Construye tu propio sueño en vez de pedir prestado el sueño de alguien más. Siéntelo, obsérvalo, huélelo, saboréalo. Construye un sueño tan poderoso que te impulse hacia él. Luego, utiliza afirmaciones y mapas de prosperidad para mantenerlo en tu consciencia.

Tu sueño necesita ser tan grande como eres tú. Y si lo haces más grande, eso te hace más grande.

Hacer una declaración pública de tus sueños atraerá a la gente que te ayudará y dejará expuestos a quienes te menosprecian. Así que haz tu declaración y aparta el tiempo cada mañana para trabajar en tu actitud y desarrollo personal.

El opuesto de éxito, no es fracaso; es mediocridad. De hecho, el fracaso es parte del proceso para el éxito. Y para alcanzar el éxito verdadero en nuestra profesión (o cualquier otra profesión valga la pena realizar), debes estar dispuesto a pagar el precio – el precio de construir habilidades y carácter.

Ahora, a ninguno de nosotros nos gusta enfrentar el rechazo, tener gente que deje tu negocio o cualquier otro de los tantos retos que enfrentarás para crecer un equipo sólido. Pero si practicas desarrollo personal diariamente, reconocerás éstos retos por lo que son y trabajarás en ellos para alcanzar el éxito.

# Capítulo Tres
## Hacer lo Correcto

Estableciendo un Estándar de Integridad

El mensaje en mi bandeja de entrada era una invitación. Uno de los miembros de mi equipo al otro lado del mundo me escribió para decirme que un distribuidor con un rango intermedio de otro equipo, quería cambiarse para el nuestro. Ella no estaba contenta con su patrocinador y quería unirse a nuestro equipo.

Ella sugirió que se podría enrolar con el número de identificación de su esposo, el cual era desconocido para la compañía. También mencionó que su equipo estaba de acuerdo y estaban dispuestos a irse con ella.

El volumen hubiera sido bastante bueno...

Pero lo rechacé inmediatamente porque no era lo correcto. Yo no quiero una guerra con las otras líneas y no me agrada cuando alguien trata de llevarse a alguien de mi equipo. Y no me podría quejar de semejante acción, si no lo sanciono en mi propio equipo. Además, puedo dormir mejor en la noche cuando sé que he operado en integridad durante el día.

En nuestra organización operamos basados en diez cualidades básicas que incorporamos a la cultura en cada nivel. Uno de los principios incluidos en esas cualidades básicas, es siempre hacer lo correcto. Si haces esto en tu organización, vas a ver un amplio rango de beneficios en tu negocio y en tu vida.

Como todo lo que estamos discutiendo en éste libro, todo comienza por ti. Cuando demuestras que el negocio está hecho con integridad, entonces ese comportamiento se convertirá en el estándar de todo el equipo. Esto no quiere decir que nunca vayas a tener gente mala. Algunas veces la tendrás. Pero ellos encontrarán que la cultura del equipo es intolerable y rápidamente se moverán a otro lugar.

Creo que uno de los elementos más atractivos de nuestro negocio versus el mundo corporativo, es la integridad que practicamos. En el mundo laboral de hoy en día, existe una mentalidad de rata-come-rata y la gente es premiada por menospreciar a los demás para verse mejor. El drama de cosas como políticas de oficina, discriminación y escándalos contables, visten muy sutilmente a mucha gente en ese espacio.

Ellos miran nuestro mundo y ven un sistema donde el éxito viene de personas que ayudan a otras a alcanzar el éxito, donde la línea de patrocinio es pagada por buscar en la profundidad y ser los mentores de su equipo, y además hay lugar ilimitado en los niveles de éxito más altos. Eso es bastante estimulante y está atrayendo a muchos refugiados de la fuerza laboral tradicional.

Para lograr este funcionamiento, debes estar vigilando la forma en que tu equipo hace el negocio. Y esto comienza contigo...

¿Tu palabra es valiosa?

¿Valoras los materiales con derechos de autor, o estás haciendo reproducciones indiscriminadas?

¿Estás conviviendo bajo las leyes locales y pagando tus impuestos?

¿Respetas los invitados de otros distribuidores en los eventos abiertos y te aseguras que ingresan con la persona que los invitó?

¿Estás pagando por los materiales de mercadeo y los eventos, y tus cheques son buenos?

¿Respetas la santidad de los votos matrimoniales, tanto los tuyos como los de los demás?

¿Mantienes tu información sobre los productos y testimonios de acuerdo con lo que aprueba la compañía?

¿Estás representando tus ingresos y el potencial de ganancias de tu compañía de manera precisa y honesta?

Todas estas cosas hacen parte de una imagen más grande de cómo debes operar tu negocio. Cuando operas con integridad, vas a atraer y retener gente buena, tu equipo sabrá cómo responder a cualquier situación y tú vas a estar operando bajo las leyes de prosperidad. Alcanzarás el éxito mucho más rápido y tu éxito resistirá los retos temporales para sobrepasar la prueba del tiempo. Y más importante, te vas a sentir bien con tu negocio y obtendrás mucha más satisfacción.

# Capítulo Cuatro
## Aumentando el Volumen

Es la manera en que te pagan

Recuerdo recibir una llamada de un amigo que me invitaba a su casa para escuchar sobre el juego del avión. Me dijo que debía llevar $5,000 dólares en efectivo y asegurarme de no invitar a ningún policía o periodista. Yo le dije que no.

Unas semanas después me dijo que había ganado en el juego y había recibido más de $75,000 dólares en efectivo. Sin embargo, seis meses después estaba contando otra historia...

Resultó que las autoridades atraparon a los autores poco tiempo después de que él había cobrado, y tenía a muchos familiares y amigos que perdieron su dinero. Por supuesto, todos lo culparon a él, y dijo que había sido el peor error que había cometido.

En juegos de dinero y pirámides, la gente siempre sale herida. En oportunidades de mercadeo en red legítimas, nadie tiene salir herido. Entonces, ¿cuál es la diferencia?

En Mercadeo en Red legítimo, nosotros no cobramos por gastos de entrenamiento o pagamos por reclutar gente. A nosotros nos pagan únicamente por el volumen producido por los productos o servicios entregados al consumidor final. Eso quiere decir, que tu cheque de comisiones está directamente ligado con el volumen de tu organización.

Ahora, como todo lo demás de lo que hemos estado hablando, tú no puedes controlar el volumen de tu red. Pero una vez más, el estándar que determinas en el primer círculo, impactará directamente lo que suceda con el resto de ellos.

Esto lo puedes hacer de tres maneras:

1. Los productos o servicios que tú y tu familia consumen.
2. Los productos o servicios que entregas como muestras.
3. La base de clientes que desarrollas..

Vamos a ver cada uno de ellos:

## 1. Los productos o servicios que tú y tu familia consumen.

Si tu compañía hace un producto, por ningún motivo deberías comprar ese producto de otra compañía. Debes ser tu mejor consumidor y comprar de tu propia tienda. La persona que es dueña de un Burger King, no come en un McDonald's.

Por favor, no sabotees tu negocio al economizar con tus propios productos. No sabes la cantidad de personas que fracasan porque la primera pregunta que hacen es "¿cuál es el volumen mínimo que necesito generar para que me paguen?" Si esa es tu mentalidad, deberías dejar de leer este libro y quedarte con tu trabajo en el supermercado.

Alguna vez has visto a alguien alcanzar altos niveles de éxito en alguna cosa, preguntando ¿cuál es el mínimo que él o ella deben obtener?... Cero.

No solamente compres para ti mismo; compra MUCHO. Entre más productos o servicios utilices, mejor los conocerás. Vas a obtener mejores resultados, tendrás un mejor testimonio y desarrollarás una historia más apasionada. Entre más fuerte sea tu historia y tu testimonio, mayor será tu volumen.

Entre más productos te vea utilizando tu equipo – o solo en evidencia alrededor de la casa – más van a utilizar ellos.

Después de 20 años de consejería con miembros de equipo, les puedo asegurar que la gente con altos niveles de uso personal, también tienen siempre niveles altos de volumen en su equipo también.

El otro gran error que ves a mucha gente cometer es que dicen que no tienen dinero y recortan el uso de sus productos. No te puedo decir la cantidad de gente que he conocido que asegura que no puede gastar $200 dólares al mes para sus productos, incluso cuando sus cheques de comisiones son de $500 dólares al mes, $700 dólares al mes y algunas veces, mucho más que eso.

Estas recibiendo esos $500 o $700 dólares al mes gracias a esos productos. A ese nivel, no deberías tratar de vivir del negocio; deberías invertirlo en crecer el negocio. Y la mejor inversión es usar una gran variedad de tus productos y tener una increíble historia para contar.

## 2. Los productos o servicios que entregas como muestras.

No cometas el error de tratar de aumentar tus ganancias con el ahorro en las muestras. En realidad, esto reduce dramáticamente tus enrolamientos y esa es la muerte para tu volumen. Sé generoso con las muestras.

Cada vez que alguien asista a una presentación contigo, debes tener un buen paquete con muestras de producto para que se lleven a casa. Tu producto es tu mejor publicidad.

## 3. La base de clientes que desarrollas.

Esta es el área que influenciará tu volumen de mayor forma.

El hecho es que abrir un negocio y ser tu propio jefe, no es para todo el mundo. Pero tus productos, en su mayoría, si lo son. Así que habrá una gran cantidad de personas que escojan no hacer el negocio, pero que puedan beneficiarse con tu línea de productos. Y para aprovechar esto al máximo, hay algunas cosas que debes hacer.

Primero, crea un espacio seguro para las personas que no están interesadas en construir una gran red, pero que están emocionadas por los productos y quieren mercadearlos. No trates de intimidarlos para que asistan a presentaciones de oportunidad o que hagan algún requerimiento para construir el negocio, si eso no es lo que quieren. Si solamente quieren ser comerciantes, apóyalos en esa decisión y proporciónales toda la ayuda que necesiten.

Asegúrate que cuando un prospecto rechace la oportunidad de negocio, le dejes saber que te encantaría tenerlos como clientes. Explícales la facilidad que tiene el programa de clientes-directos, si tu compañía tiene uno. Déjales saber que siempre tendrán un servicio amigable y personalizado de tu parte y que tú valorarás su negocio enormemente.

He hecho millones de dólares como constructor de negocios en Mercadeo en Red. Pero no se compara con los millones de dólares en ingresos adicionales que he perdido en el pasado, por no haber hecho un mejor trabajo creando una base de clientes.

Pensaba que todo el dinero estaba en los constructores, así que me enfoque en ellos y básicamente le decía a la gente que solo querían ser clientes, que estaba muy ocupado para tratar con ellos. Gran error, por supuesto, porque mi equipo siguió mi guía. Teníamos un fuerte consumo en la red, pero un patético volumen de clientes consumidores.

## Haz las matemáticas...

Digamos que tienes un consumo promedio en tu grupo de $100 dólares mensuales. Tienes 1,000 miembros en tu equipo, te pagan por un volumen de $100,000. Ahora supongamos que cada uno de ellos tiene una base de clientes de $200 dólares. Ahora te van a pagar por un volumen de $300,000. Acabas de multiplicar tu cheque de comisiones por tres. En lugar de ganar $500 dólares al mes, estás ganando $1,500 dólares. En lugar de $8,000, estás ganando $24,000. O, en lugar de llevar a la casa $30,000, estarías en el rango de los $90,000.

Y entre más tiempo estés en el negocio, mayor deberá ser el volumen promedio. Si eres relativamente nuevo, podrías tener solo tres o cuatro clientes. Si has estado un año, deberías tener por lo menos diez o quince. Y si tú y tu gente clave han estado por cinco años o más, es muy posible que tu gente tenga 30 o 40 clientes. Y así estarás multiplicando tus comisiones por 10, 20 o 30 veces.

Así que compra libremente de tu propia tienda. Entrégale a todos tus prospectos una buena y variada cantidad de muestras de productos. Y preocúpate por mantener una gran base de clientes.

El volumen personal en tu círculo es lo que hará que se multiplique varias veces en la profundidad de todo tu equipo. ¡Y ahí es donde comienzas a sumarle ceros al final de tu cheque de comisiones!

# Capítulo Cinco
## Actividades Productivas

Trabajo ajetreado – Versus- Actividades
que producen dinero

Estoy en una cruzada – una cruzada para crear las expectativas apropiadas en lo que se requiere para hacer el negocio.

Todavía escucho personas reclutando con la frase que el negocio se puede comenzar con cuatro o cinco horas a la semana.

No es posible.

Nadie construye una red, trabajando con ese horario. Seguro puedes construir un negocio pequeño de venta de productos con esas horas, pero no puedes duplicar una gran red.

Para hacer el negocio comenzando con tiempo parcial, necesitas dedicarle por lo menos diez a quince horas a la semana. Porque una vez que consigas uno o dos corredores, ellos van a requerir que estés disponible para eventos y llamadas, trabajando con algunas líneas a larga distancia y ayudando con otras cosas que no pueden ser hechas en cuatro o cinco horas a la semana.

Pero ese no es el verdadero problema…

Podemos ir a la convención de tu compañía y pedir que levanten la mano todas las personas que trabajan por lo menos diez horas a la semana, y el 90 por ciento de la gente levantará las dos manos, ¡y las moverán como si no les importara!

Pero aquí está el problema con eso…

Lo siento niños, pero pasar cinco horas hablando por *Facebook* y enviando *tweets*, no es en realidad construir el negocio.

Revisar tu oficina virtual cada cinco minutos para ver cuál es tu volumen, o si alguien patrocinó un nuevo miembro del equipo, no es construir el negocio.

Llamar a todos tus patrocinados a decirles lo "emocionado" que estás, no logrará que lo hagan.

Organizar tu inventario de vitaminas en orden alfabético, en la repisa de productos, no hace que tu cheque de comisiones aumente.

Limpiar tu escritorio, ponerte al día archivando documentos y organizar adecuadamente todo en tu portafolio, son actividades muy nobles y con seguridad recibirás tu recompensa en el cielo. Pero por eso no es por lo que te pagan.

Recuerda – nos pagan únicamente por el volumen producido por los productos que llegan al consumidor final. Punto. Y solamente generamos volumen de dos maneras:

1. Llevando prospectos a presentaciones donde ingresen al negocio.

2. Llevando prospectos a presentaciones donde no ingresan al negocio, pero deciden convertirse en clientes.

Esas son las únicas dos actividades por las que te van a pagar.

Todo lo demás es una distracción. Y las distracciones te cuestan dinero.

La diferencia entre la gente que gana algunos cientos o miles de dólares al mes y quienes crean libertad financiera para ellos mismos, es esta: cómo emplean inicialmente esas diez a quince horas a la semana. Esto es lo separa a los aficionados de los profesionales.

Los aficionados pasan mucho tiempo ocupados con trabajo. Los profesionales dedican tanto tiempo como pueden en actividades que producen dinero.

Una de las mejores cosas que puedes hacer para maximizar tu productividad e ingresos es planear tu semana. Toma 45 minutos durante el fin de semana para agendar tu siguiente semana. Determina exactamente cuándo vas a usar tus diez a quince horas y que vas a hacer durante ellas.

Aparta tiempo para enviar invitaciones, llevar prospectos a las presentaciones y hacer seguimiento. Estas son las actividades productivas que construyen volumen.

Esto no es ciencia espacial. Pero tal planeación probablemente generará más crecimiento en tu negocio que cualquier otra estrategia que puedas implementar
.

# Capítulo Seis
## Regando la Raíz Principal

### Construyendo Desde lo Profundo

En el capítulo anterior hablamos de cuáles son las actividades productivas. Ahora hablemos de cómo podemos dirigir esas actividades para sacar el mayor fruto. Hace algún tiempo, cuando todos trabajábamos planes de compensación escalonados con separación, lo llamábamos "la estrategia de la raíz principal."

Y mientras los planes de compensación han evolucionado y la implementación en otros planes puede ser un poco diferente, el principio básico que hay detrás, es tan poderoso hoy en día como lo ha sido siempre.

La analogía que se presenta es con la raíz principal que cada árbol tiene. Esta es la raíz que llega a lo más profundo de la tierra para llevar agua y nutrientes para el crecimiento del árbol. Entre más profunda crezca la raíz principal, más alto y fuerte crecerá el árbol sobre el suelo. El mismo principio aplica para la duplicación.

Mucha gente trabaja su organización desde arriba hacia abajo, enfocándose en sus enrolados personales. Con el principio de la raíz principal tu trabajas desde abajo hacia arriba, creando volumen y entusiasmo en los niveles bajos, lo cual genera una reacción en cadena hacia arriba.

Hay un par de formas de hacer esto...

Primero es a través de cualquier presentación y reunión en casa que hagas localmente. Supongamos que haces una reunión en casa de Jack y Sue, quienes son enrolados personales tuyos, y sus invitados Abe y Becky ingresan al negocio. La siguiente reunión la hacen en la casa de Abe y Becky, e invitan a Jack y a Sue para que asistan. Tu les dejas saber que vas a estar presente para ayudarlos con el trabajo de equipo, ayudándolos a entrenarse en el proceso hasta que estén listos para hacerlo solos.

Supongamos que en esa reunión Chris y Carmen ingresan al negocio. Programas la siguiente reunión en su casa, invitando a Jack y Sue y a Abe y Becky. Continúas este proceso nivel por nivel, construyendo impulso hasta que alguno (esperamos que Jack y Sue, pero no necesariamente) te reemplace en esa función.

Puedes hacer un proceso similar con líneas a larga distancia. Revisas tu oficina virtual y buscas quien genera una chispa, no importa en qué nivel se encuentre. (Alguien califica como chispa cuando patrocina varias personas o muestra un crecimiento importante en el volumen.) Cuando ves una chispa, ¡alimenta el fuego agregándole gasolina! Esto lo haces estando en contacto y dejándoles saber que estás dispuesto a viajar a su ciudad y hacer algunas presentaciones y entrenamientos para ellos.

Por supuesto, esto los emociona, pero también transfiere todo ese entusiasmo a toda la línea de patrocinio arriba de ellos. Asegúrate de estar en contacto con los líderes sobre ellos y mantenlos al tanto de lo que está sucediendo debajo de ellos. Así que entre más profundo trabajes, mejores resultados crearás.

Mucha gente en el negocio, trabaja únicamente con la gente en su rango de pago. Yo creo que es un gran error. Cuando entro a mi oficina virtual y busco la gente con potencial, no me importa que tan profundo se encuentren o si voy a recibir algún pago por ellos. Trabajar con personas por fuera de tu rango de pago, eventualmente producirá cheques de comisiones más altos y creará seguridad a largo plazo en tu organización.

A continuación, veremos otra cosa que tú controlas – la participación de tu grupo en eventos locales…

# Capítulo Siete
## Convirtiéndose en Vendedor de Entradas

### Creciendo tu Mercado con Eventos

La forma más rápida y fuerte de crecer tu negocio es primero construir tu mercado local, donde vives. Eso te da experiencia, confianza y un ingreso que te permitirá construir líneas a larga distancia. Las líneas a larga distancia deben complementar el trabajo que has creado en tu mercado local. Y la manera de crecer tu mercado local es con eventos locales.

Hoy en día no está de moda decir esto. Hay cantidades de auto-proclamados gurús, predicando que los eventos en vivo están muertos y que es mejor construir utilizando el Internet desde la casa, con tus pantuflas de conejo. Les dicen a las personas lo que quieren escuchar y esto hace que "controlar a la gente" sea más sencillo. Pero están causándole mucho daño a la gente que los siguen.

Mientras estoy escribiendo esto, tengo el nivel Platino Elite en tres aerolíneas y acabo de calificar como Oro en una cuarta. Necesito otro viaje en avión tanto como necesito un hoyo en mi cabeza. Pero viajo para realizar eventos en vivo, porque funcionan. Participo en los eventos de mis mercados locales y apoyo los eventos locales de los miembros de mis equipos de larga distancia.

Hoy en día hay una gran diferencia entre los "tienes" y los "no tienes" en el Mercadeo en Red. Y creo que la mayor diferencia entre los dos grupos está en cómo se perciben los eventos. La gente que trabaja la duplicación, entiende la importancia de los eventos, mientras que los demás están buscando atajos para hacer el negocio sin ellos.

Miremos este escenario...

Alguien comienza un grupo en Facebook sobre un tema como negocios en casa, mercadeo en red o el área de su línea de producto. Una vez que la gente ingresa al grupo, comienza a enviarles mensajes en intervalos regulares para prospectar a estos extraños. Les dirá que las reuniones estás pasadas de moda, a nadie le gusta asistir a ellas y se puede construir un negocio virtual en línea.

Está viviendo una falsa ilusión.

Lo mismo ocurre con todos estos "vendedores de atracción" y los que promueven el "pago-por-click" en sus programas de publicidad para prospectar extraños buscando distribuidores. Algunos de ellos les dicen a sus seguidores que no le hablen a su mercado caliente o que realicen reuniones presenciales.

Ellos emplean términos como "vieja escuela" y "nueva escuela" con el fin de sugerir, que estrategias de sentido común, como hablarle a las personas que conoces, de alguna manera, están obsoletas en el ambiente actual.

La mayoría de estos gurús no construyen una red; hacen su dinero aprovechándose de la gente vendiendo sistemas de venta, herramientas o guiándolos hacia ellas. Algunos pueden tener habilidad promoviendo el "pago-por-click" y construir algo. Pero vas a encontrar que la mayoría de gente que traen al negocio se encuentra en dos categorías:

La primera categoría abarca aquellas personas con la mentalidad de haber encontrado la lotería y buscan atajos para hacer el negocio. Piensan que los métodos de la "nueva escuela", de alguna manera eliminarán el trabajo que se requiere para ser exitosos. Inevitablemente fallarán y dejarán el negocio.

La segunda categoría incluye personas que honestamente quieren construir y están dispuestas a trabajar. Infortunadamente, la publicidad de "pago-por-click" requiere cierta cantidad de tiempo y habilidad. Quienes no saben cómo hacerlo adecuadamente pueden perder dinero rápidamente. Y hacerlo bien requiere aprendizaje y habilidad que no es fácil de duplicar para una persona promedio. Y aunque la publicidad de pago-por-click podría funcionar de manera limitada, no se duplica efectivamente. Recuerda la máxima más importante en el Mercadeo en Red: No se trata de que algo funcione, se trata de lo que se duplica. Las reuniones funcionan y son duplicables. Y logran hacer cosas que no pueden duplicarse de otra manera.

Volvamos a la primera lección sobre Mercadeo en Red: la diferencia entre los juegos de dinero y el legítimo Mercadeo en Red. No nos pagan por buscar gente, reclutar o cobrar por entrenamientos. Nos pagan por el volumen. Y el volumen se genera cuando el producto llega al consumidor final.

Entonces, ¿cómo lo hacemos?

Invitando candidatos a las presentaciones, llevándolos a las presentaciones y haciendo seguimiento después de las presentaciones. Únicamente nos pagan cuando la gente ingresa al negocio y compra productos, o cuando no ingresa al negocio pero de todas formas compra productos. Así que las verdaderas actividades que generan dinero son las que producen esos resultados. Todo lo demás es trabajo improductivo.

Ahora, solo para aclarar, no estoy diciendo que no haya espacio para presentaciones virtuales, conferencias por Skype, teleconferencias, CD's, DVD's y muchas otras herramientas tecnológicas disponibles hoy en día. Esas cosas pueden ser muy útiles para construir tu negocio. Pero si tratas de sustituirlas por los eventos en vivo, tu duplicación y resultados sufrirán.

Debemos llevar a los candidatos a través de un proceso de reclutamiento, y una parte vital del proceso, es un evento local ejecutado correctamente. Esto puede ser semanalmente, dos veces al mes o mensualmente.

Sé que suena más fácil quedarse en casa con tu pijama de Batman y construir en línea, pero eso es tratar de sabotear el juego. El único queso gratis está en la trampa para ratones. Nada puede reemplazar la prueba social y otras dinámicas que ocurren en un evento en vivo.

Necesitas llevar a los candidatos a través de una especie de primera impresión (generalmente una presentación en casa, una reunión uno a uno, una presentación virtual o una herramienta de mercadeo), luego utilizando los eventos locales logras llevarlos a tomar una decisión. Los eventos locales determinan quienes se convierten en clientes, constructores del negocio o ninguno de las anteriores. Así que cada mercado necesita implementar un evento periódico lo más pronto posible.

Una vez que la estructura del evento se implemente, debes ingresar al negocio de la venta de entradas...

Te convertirás en tu versión local de www.ticketmaster.com. En Enero vendes las entradas para el evento de Febrero. En Febrero vendes las de Marzo, en Marzo las de Abril y así sucesivamente por siempre.

Ponle precio a las entradas con descuentos por cantidad. Compra un paquete de entradas cada mes y promueve a que tu equipo haga lo mismo. Por ejemplo, puedes tener un valor de $20 dólares a la entrada del evento, $10 dólares para pago por adelantado, cinco entradas por $35 dólares y diez por $50 dólares. Al crear estos descuentos vas a lograr que la mayoría de las personas compre en paquetes. Y como compran en bloques, terminarán con más invitados en la siguiente reunión y por lo tanto, más reclutamientos. Aquí está el por qué:

La reacción normal de la naturaleza humana es que la gente compre una entrada para ellos. Luego piensan que si llevan un invitado, comprarán una entrada para ellos. Entonces, quizás tendrán un invitado el próximo mes, o quizás no.

Ahora supongamos que compras un paquete de diez. Todo el mes vas a estar trabajando para utilizar las nueve entradas adicionales. En realidad, probablemente no lo hagas. Probablemente tendrás dificultades. ¡Pero celebra las dificultades!

Porque buscando los nueve invitados, es factible que logres cinco, seis o siete. Con esos números, seguramente patrocinarás por lo menos dos o tres. Asegúrate que cada uno de ellos compre un paquete de diez y el proceso comienza nuevamente...

Ahora la diferencia es que tienes un mayor grupo comprando entradas, haciendo invitaciones y enrolando. De esta manera, las reuniones crecen cada mes.

Incluso cuando patrocines personas a larga distancia, les vas a enseñar cómo implementar el mismo proceso en sus ciudades. Así es como creces una gran organización – construyendo una sólida red de eventos locales. Luego, el listado de todos los eventos locales se puede publicar en la página web de la compañía o del equipo para que todos en cualquier lugar puedan ver el calendario de eventos.

Cuando los miembros de tu equipo ven los eventos que suceden en las diferentes ciudades del país (o alrededor del mundo), comienzan a pensar en a quien conocen en ese lugar y que podrían invitar a ese evento local. Las ciudades establecen una relación recíproca para trabajar con sus prospectos y así las cosas pueden tomar una mayor velocidad.

Una nota importante:

Pienso que un mercado logra una tracción permanente cuando sus eventos logran romper la barrera de las 250 personas. Hay suficiente validación social y entusiasmo generado para continuar adelante. Pero creo que esto sucede de manera gradual durante un período de meses.

Si los números crecen muy rápido, no hay suficiente liderazgo local para apoyar el crecimiento y generalmente decrecen.

Puede que hayas visto esto si alguna vez has patrocinado en el negocio a una persona dinámica con algún tipo de experiencia en ventas. Pueden tener una gran esfera de influencia y poner un par de cientos de personas en un salón en su primer o segundo mes. Pero en muchos casos, esa respuesta tan abrumadora depende de la personalidad de la persona y la reunión por sí sola no la puede mantener.

Sin embargo, si organizas un evento que comienza con 15 o 18 personas y gradualmente aumenta a más de 250 en un período de cinco o seis meses, usualmente tendrás una línea segura.

Una vez que tienes los eventos locales funcionando, los utilizas para alimentar los eventos mayores. Los cuales son el siguiente elemento del círculo que tú puedes controlar y los cuales veremos a continuación...

# Capítulo Ocho
## Promover, No Anunciar

### Construir hacia los Eventos Mayores

Los eventos locales que discutimos en el *Capítulo Siete* son los que hacen que los candidatos se conviertan en clientes o en constructores del negocio. Una vez que son constructores del negocio, necesitamos ayudarlos a que aprendan habilidades, construyan creencia y desarrollen confianza. Ahí es donde los eventos mayores entran en juego.

Los eventos mayores se llevan a cabo en dos o tres días en algún destino que involucre viaje, hotel y alimentación. Usualmente se realizan de dos a cuatro veces al año. (Yo estaba acostumbrado a hacerlos cada tres meses. Pero debido a que los costos e implicaciones de los viajes han aumentado, hemos decidido hacerlos tres veces al año en mi organización.)

A lo largo de la profesión he visto nombres para esto, como *Reunión Familiar, Mentes Maestras, Fin de Semana para ser Diamante, Liderazgo de Primavera/Verano/Otoño/Invierno, o Fin de Semana de Ensueño*. El otro evento mayor es la convención de tu compañía.

Vas a encontrar que estos eventos mayores son donde se toman las decisiones que cambian vidas. Aquí es donde la gente prepara su mente para hacer del negocio una carrera y trabajar para lograr los rangos más altos dentro de la compañía. Los altos niveles de energía, la gran cantidad de asistentes y la validación social que ofrecen estos eventos, facilitan este proceso.

Lo que verás es que siempre hay una explosión de avances de rango después de los eventos mayores. La gente que asiste, sale con una pasión intensa, aprenden nuevas habilidades que pueden poner en práctica inmediatamente y su nivel de creencia usualmente se dispara.

Usualmente conocen a los líderes corporativos y a los más grandes líderes de campo, por primera vez. Tienen la oportunidad de estrechar su mano, mirarlo a los ojos y quizás tomarse una foto con ellos. Han escuchado las historias de cómo han sobrepasado los retos para alcanzar el éxito. Escuchar cómo otros han superado exactamente los mismos retos que están enfrentando, es lo que los miembros del equipo necesitan para irse a casa y realizar acciones masivas.

## Los Cinco Propósitos de los Eventos Mayores...

Hablamos de la importancia de los eventos mayores y por qué debes asistir a ellos. Sin embargo hay quienes aún piensan que ya están graduados, hasta el punto de no necesitarlos. Gran error...

Ven la inversión que implica e intentan justificar el por qué no necesitan asistir. Dicen que solamente faltarán al siguiente porque no hay mucho dinero o se justifican diciendo que como ya han asistido a otros eventos, ya saben lo que van a enseñar. Esta es una mentalidad absurda y evita que más gente alcance el éxito que cualquier otra cosa.

Existen cinco razones por las que realizamos eventos mayores. Y todos – y me refiero a todos – necesitan alguna de esas cinco cosas.

Ellas son:
1. Adquirir conocimiento
2. Mejorar la actitud
3. Cambiar el comportamiento
4. Desarrollar habilidades
5. Construir creencia

Creo que los mejores eventos mayores proveen sesiones dirigidas hacia las siguientes áreas:

- Historias personales de éxito (Son excelentes para construir creencia en los miembros del equipo y esta sesión puede ser hecha al comienzo del evento, incluso como una reunión de oportunidad.)

- Entrenamiento de producto

- Entrenamiento de habilidades en los aspectos básicos para conocer gente, trabajar la lista de candidatos, invitar y hacer seguimiento.

- Desarrollo de liderazgo

- Asignaciones u "órdenes de marcha" dadas en la última sesión para que la gente tenga un plan de acción específico al salir del evento

Si tienes una buena relación con tu compañía y te apoyan en tus eventos, es genial tener al CEO, presidente o alguno de los vice-presidentes hablando, compartiendo su visión de la compañía y el apoyo que le ofrecen al equipo.

Cubriendo las bases con sesiones como éstas, aseguran que tus eventos mayores sean exitosos y produzcan resultados poderosos en los meses siguientes. Y al final de cada evento, inmediatamente comienzas la campaña para el próximo evento mayor. Esa es la esencia de lo que vas a estar haciendo por el resto de tu carrera – trabajando de evento en evento.

Otro aspecto que vas a tener que manejar cuando tu organización crezca, son las complicaciones de viaje. Mi compañía es internacional y mi organización se encuentra en más de 50 países. La gente de Rusia no va a asistir a muchos eventos en los Estados Unidos. Incluso aunque estén dispuestos a viajar, algunas veces no obtienen la visa.

Del mismo modo, la gente de Asia no está acostumbrada a viajar a Europa y viceversa. Así que en realidad debo programar mis eventos mayores en cuatro continentes diferentes. Si tu grupo crece alrededor del mundo, vas a tener que hacer algo similar.

## Promoviendo, no anunciando...

Ahora, es probable que vayas a encontrar resistencia de parte de tu gente nueva para registrarse en los eventos mayores. El costo del viaje y el tiempo por fuera de su hogar los puede asustar. Eso es solamente porque no entienden el valor de lo que están a punto de experimentar. Espera escuchar comentarios como "Yo entre al negocio para ganar dinero, ¡no para gastarlo!"

La mayoría de la gente vive de sueldo a sueldo y su reacción inmediata es quejarse ante la propuesta de hacer cualquier inversión. Los eventos mayores no serán la excepción. Es importante que no aceptes su excusa. Debes transmitir con convicción el por qué deben asistir. Déjales saber que es una inversión, no un gasto – una inversión en su futuro y en su éxito.

No puedes simplemente anunciar los eventos y esperar que tu gente se registre. Debes promoverlos.

Y como todo lo demás que hemos discutido aquí, esto comienza contigo. Debes ser el primero que se registre para cada evento. Luego planeas tu campaña.

¿El evento se realizará a una distancia cercana para manejar? ¿Viajarás en caravana o alquilarán algunos buses? Si es bastante alejado, comienza a buscar los mejores precios en los tiquetes aéreos. ¿Necesitas compartir habitación para reducir los gastos? ¿Buscar un hotel que se ajuste al presupuesto? ¿Piensas en llevar tus propios almuerzos? Debes hacer lo que sea necesario para mantener los costos bajos y aumentar la participación.

Asegúrate que tu gente entienda que por el primer par de años no deberían estar tratando de vivir del negocio. Deben seguir invirtiendo dinero en el negocio para hacerlo crecer. Y no hay mejor lugar para recibir un retorno de la inversión, que en los eventos mayores.

Utiliza las herramientas de inclusión y exclusión para crear una cultura donde nunca se pierdan un evento mayor. Quizás reconozcas a la gente con un pin, una cinta o un botón para que los utilicen en los eventos locales cuando se hayan registrado en un evento mayor. Puedes tener una lista de quienes están registrados en la página web o en una presentación virtual.

Puedes organizar algunas llamadas de conferencia o entrenamientos especiales para hablar de la importancia de asistir a los eventos. Quizás uno de los líderes que va a ser invitado a participar en el evento pueda grabar un video o programar una conferencia en *Skype* para que en tu evento local se promueva el evento mayor. Cada evento mayor merece una campaña mayor.

Estructura tu promoción para la venta de entradas utilizando la estrategia de la raíz principal, tal como lo haces para construir el negocio en profundidad...

Mientras estas trabajando con alguien en la profundidad de una línea, véndeles entradas al próximo evento mayor. Luego habla con quien esté arriba y déjales saber que sus patrocinados ya están registrados para el próximo evento mayor y averigua si ellos ya compraron sus propias entradas. Luego continúa subiendo en tu línea nuevamente...

"Tienes cinco personas registradas para el siguiente evento mayor. ¿Ya tienes tus entradas?"

Luego, continúa repitiendo.

"Tienes ocho personas registradas para el siguiente evento mayor. ¿Ya tienes tus entradas?"

"Tienes 11 personas registradas para el siguiente evento mayor. ¿Ya tienes tus entradas?"

"Tienes 23 personas registradas para el siguiente evento mayor. ¿Ya tienes tus entradas?"

Comienza desde lo profundo y trabaja ascendentemente hasta lo más alto de la línea, maximizando la venta de entradas. En cada nivel generas estrés mencionando que las personas debajo ya están registradas, así tus miembros del equipo entienden lo que tienen que perder al no asistir. Tu meta es llegar al:

## Punto Clave...

Alcanzas la masa crítica del punto clave cuando tienes por lo menos 100 distribuidores asistiendo a un evento mayor. Una vez que logras esto, tu negocio tiene suficiente tracción para continuar creciendo sin ti.

Incluso si fueras a renunciar el día después del evento, habría tanta gente que ha desarrollado la suficiente creencia para quedarse y construir el negocio a pesar de que te vayas.

Llega un momento en el que la gente simplemente "lo entiende." Y cuando tienes al menos 100 distribuidores en un evento mayor (no un evento local), habrá suficiente gente para mantener la duplicación, sin importar nada.

Los líderes se pueden ir, la compañía puede enfrentar dificultades, o se puede tener publicidad negativa. Pero una vez que la red tenga suficiente tracción con gente comprometida, generalmente superan cualquier situación y continúa creciendo.

Hasta ahora hemos discutido tu actitud, el tipo de cultura que quieres crear, cómo mover volumen, utilizar la estructura de la raíz principal y ciclo de eventos. Vamos a ver nuestro elemento final, el que mantiene todos los anteriores en su lugar...

# Capítulo Nueve
## Manteniéndose Fuera de las Zanjas

Using Counseling to Develop Leadership

De acuerdo, lo admito. Estoy viejo.

Cuando comencé con el Mercadeo en Red, no había teléfonos celulares, Blackberries, iPads o email. Poníamos las inscripciones nuevas en un sobre y le adjuntamos algo llamado "estampilla postal" y esperábamos que llegaran antes que terminara el mes. Prácticamente alucinamos cuando salió al mercado una increíble invención llamada FAX.

Esto significaba que podías enrolar a alguien durante los dos últimos días del mes y asegurarse que el volumen contara. De igual manera, no tienes una muy buena idea de hacia dónde está apuntando tu negocio.

Si tenías una organización muy grande, se sabría a lo largo de varios estados o provincias y en ocasiones países. Sabías lo bien que te fue el último mes, cuando el cartero te entregaba tu cheque comisiones.

Si fueras realmente perspicaz, pagarías adicional por la entrega de tu cheque con FedEx. Llegaba en una pesada caja con papel de computador verde y blanco, el cual listaba tu organización. Luego pasabas horas con resaltadores, buscando en el reporte para descifrar quienes eran los líderes sobresalientes, qué mercados estaban fuertes y a quién debías alcanzar.

Adelantándonos al día de hoy…

Puedes realizar una presentación virtual con miles de personas, enviar emails con enlaces para los prospectos y probablemente rastrear a las nuevas personas y órdenes de producto a través de la organización en tiempo real, desde tu laptop bajo una palmera. Tu oficina virtual te permite desplazarte a lo largo de toda tu organización, revisar quien está en envío-automático y cuáles tarjetas de crédito fueron rechazadas y por lo tanto no fueron procesadas las órdenes. Tienes información inmediata y acceso en tiempo real para manejar tu negocio.

Esto ha hecho que desarrollar el negocio sea mucho más fácil y nos permite tener una buena lectura de lo que está ocurriendo durante el mes. Pero también implica un peligro.

Es muy fácil enamorarse de la tecnología con la que pensamos que podemos administrar a nuestra gente. Pero si hay algo que he aprendido en 25 años, es esto:

Tú no administras a la gente. Tú lideras a la gente y administras cosas.

Y en Mercadeo en Red, la mejor forma de hacer eso es a través de consejería mensual. Ahora, no pienses en esto como la consejería que recibes en el sillón de un psiquiatra. (¡Aunque no niego que sucede mucho de eso!) Piensa en esto como un sistema estructurado para ser un mentor.

Como mi amigo Billy Looper suele decir, ¡el Mercadeo en Red funcionaría perfectamente si no involucrara gente! Pero infortunadamente, así es, y la gente tiene sus propias situaciones. En ocasiones, durante la consejería trabajas con la gente buscando corregir de manera positiva el comportamiento disfuncional que los mantiene estancados.

Este comportamiento puede ser, tratar a la gente como si fueras su jefe y ellos los empleados, teniendo una actitud negativa, o no actuando de manera ética o moral. La mayoría de nosotros no somos terapeutas profesionales, y no deberíamos intentar serlo. Pero la consejería nos da la posibilidad de compartir las lecciones que hemos aprendido con los errores que hemos cometido desde el comienzo.

Puedes recomendar algunos libros o audios de crecimiento personal que les pueden ayudar. Y si has creado una buena cultura de desarrollo personal, la mayoría de las personas estarán abiertos a ser entrenadas y se darán cuenta que las puedes ayudar a alcanzar el siguiente nivel de éxito.

Estas son las situaciones ocasionales que surgen de las relaciones humanas. Pero en su mayor parte, la consejería mensual se debe enfocar en los elementos del negocio, tales como guiar a la gente en que parte de su organización trabajar y cómo lograr mejor duplicación.

La consejería es un proceso mensual donde trabajas uno a uno con los miembros de tu equipo claves y evalúas las estadísticas más importantes del negocio. Algunas de las más esenciales incluyen:

• Número de distribuidores en el grupo
• Volumen promedio
• Número de asistentes a los eventos mayores
• Avances de rango
• Líneas con un líder
• Número total de líderes en el grupo

Probablemente dos de las variables más importantes para tener en cuenta son el número de líneas con un líder y el número total de líderes en la organización. Para mí, esas son las dos estadísticas que determinan el futuro del crecimiento.

Sabemos que una línea puede tener 35 personas – pero si ninguno de ellos es un líder, dentro de tres meses la línea probablemente se habrá reducido a una o dos personas o incluso haber desaparecido por completo.

Otra línea podría tener solo dos personas, pero si ambos son líderes, esa línea puede crecer a 40 o 50 en pocos meses.

Los líderes producen líderes. Así que ese es el factor número uno que quieres mirar cuando estas en la consejería.

La consejería es un proceso de dos vías. Debes hacer la consejería con la gente de tu equipo, y también debes estar recibiendo la consejería de alguien en tu línea ascendente.

Supongamos que eres un Director Bronce en tu compañía y el siguiente rango es Director Plata. Probablemente vas a recibir la consejería del primer Director Plata en tu línea de patrocinio. Ahora, una vez que seas Director Plata, si tu patrocinador todavía es un Director Plata, no deberías recibir la consejería de tu patrocinador. Deberías recibirla de su patrocinador, quien es un Director Oro.

Si quieres saber cómo ser un Director Oro, debes hablar con alguien que ya lo haya logrado. Si quieres ser Director Diamante, debes hacer la consejería con un Director Diamante. Debes hacer la consejería con la persona en tu línea de patrocinio con el siguiente rango del que tú tengas. (Generalmente debe ser así. Más sobre esto en un minuto.)

Esto garantiza que todos tengan a alguien con quien hacer la consejería y también que los rangos más altos no tengan miles de personas buscándolos para que hagan la consejería con ellos. Tal como funciona la línea de patrocinio, tú trabajas con tus líderes personales, los cuales trabajan con sus líderes personales, quienes trabajan con sus líderes personales. Si estás en una línea de patrocinio con uno o dos niveles en el mismo rango que tú tienes, sigue subiendo en tu organización y encontrarás alguien que esté dispuesto a trabajar contigo.

*Manteniéndose Fuera de las Zanjas    59*

Sin embargo, solo porque tu patrocinador tenga el mismo rango que tú, no significa que sea un mal líder o no conozca el negocio. Simplemente significa que te ha ayudado a alcanzar un crecimiento rápido. Lo que suele suceder es que los patrocinadores logran llevar gente a su mismo rango justo antes que ellos alcancen el siguiente rango. En la medida que tu patrocinador este creciendo, todavía te puede brindar consejería a ti.

Entonces, no crees una fijación con el rango. Simplemente busca alguien que sea positivo, este creciendo y esté dispuesto a trabajar contigo. Si tienes eso, aprovecha la oportunidad.

Tu labor es aprender de la experiencia de esa persona. Seguramente esta persona ha cometido los errores que estas a punto de cometer, lo que quiere decir que puedes ahorrarte muchos años en tu curva de aprendizaje. Ten la mente abierta y tienes que estar dispuesto a ser entrenado, ya que tu patrocinador tiene un gran interés en tu éxito.

La consejería es una actividad muy importante porque es donde se desarrolla el liderazgo verdadero y los grandes logros se generan. Algunos de los mejores entrenamientos que puedas dar o recibir se encuentran en lo que se conoce como "habilidades simples" – habilidades que se requieren para trabajar con la gente y construir un equipo. Y este tipo de entrenamiento nunca se debe dar en reuniones de grupo sino individualmente en sesiones privadas con la persona involucrada.

Sin embargo, la consejería solo te puede ayudar si la realizas de manera honesta. La persona con la que te reúnes para tu consejería requiere información real para trabajar. No hables de 12 líneas si realmente solo tienes dos líneas activas trabajando. De lo contrario, la consejería es una mentira y el consejo que recibes realmente no te ayudará.

## Mientras Tu Creces...

Vas a encontrar que en la medida que tu organización se hace más grande y alcanzas los rangos más altos, la consejería que necesitas cambia. Cuando estás comenzando, probablemente requieres mucho entrenamiento en cosas como conocer gente e invitar. En la medida que progresas, esas cosas no serán un problema para ti nunca más. Así que tu consejería evolucionará a otros aspectos tales como, cuando renunciar a tu trabajo, comprar un auto nuevo o comenzar a realizar eventos para tu propia organización. De la misma manera, la consejería que tú provees a los miembros de tu equipo debe evolucionar en la medida que ellos avanzan de rango.

Asegúrate de revisar el segmento de consejería en audio de entrenamiento *Duplication Nation*. Allí encontrarás muchas más ideas en este tema, así como el esquema de un formato de consejería que puedes utilizar con tu gente.

La consejería es lo que hace que funcione todo lo que hemos discutido en los capítulos anteriores. Te permite hacerle seguimiento a las variables más importantes del negocio y tomar acciones correctivas antes que los errores lleguen a la profundidad del grupo. Esto garantiza que cualquier desvío sea mínimo y mantiene a toda la gente fuera de las zanjas.

Realiza la consejería en lo posible, lo más cerca al comienzo del mes porque la información requerida para esto debe transferirse por toda tu línea de patrocinio. Supongamos que tienes una organización que está comenzando y estás haciendo la consejería con solamente cuatro personas. Debes recoger sus formatos y sumar los datos para llenar tu propio formato. (Esto debe ser recibir información como: cuantos miembros de cada línea asistieron al último evento, cuantas entradas se vendieron para el próximo evento, etc.) Entonces, tan pronto como los números del mes que finalizó aparezcan en tu oficina virtual, todos deben llenar el formato y enviárselo a la persona con que realizan la consejería.

Encontrar a alguien con quien puedas hacer la consejería garantiza que tu primer círculo esté funcionando. Y cuando continúas el proceso en tu grupo, hace que todos los círculos funcionen mejor.

# Capítulo Diez
## Liderando la Tribu

Se el Ejemplo

Hace unos años, Seth Godin escribió un libro llamado *Tribus*. No tiene nada que ver con Mercadeo en Red. Pero si le hubieras ofrecido a Seth $10 millones de dólares para que fuera el autor de un libro perfecto para líderes de Mercadeo en Red, ese hubiera sido el libro.

¿Por qué? Porque la esencia de la ley de hacer que el primer círculo funcione se trata de liderar una tribu. Y en nuestro negocio liderar se trata de modelar el comportamiento, siendo el ejemplo.

Tu obligación número uno en el negocio es convertirte en una persona exitosa. Y luego tu obligación número dos es buscar la raíz principal y ayudar a construir el éxito en tu gente. Mucha gente no entiende esto.

La verdad es que no le puedes mostrar a alguien como alcanzar el pin de un rango hasta que tú lo alcances. No funciona pensar que si logras que mucha gente sea exitosa, tú vas a ser exitoso. Suena bien; se ve bien. Pero simplemente no funciona.

La realidad es que primero debes ser exitoso. En cada paso estas modelando el comportamiento y mostrándole a tu equipo como se debe alcanzar el siguiente nivel de éxito. Haz que tu círculo funcione y tu tribu estará feliz de duplicar tu ejemplo, creando verdadera duplicación en todo el grupo.

Trabaja en tu primer círculo y verás lo rápido que la gente quiere ser como tú. Tu objetivo es lograr que tu gente genere un ingreso de $500 o $600 dólares mensuales tan pronto como sea posible. Y recuerda aconsejarlos en no vivir del negocio, sino reinvertir todo en el negocio.

Una vez que estén en este nivel, ellos pueden pagar por su material de desarrollo personal, producto de uso personal y la participación en los eventos. Y cuando estén haciendo esas actividades, verán un progreso incremental. En la medida que vean progreso, se mantendrán en el juego hasta que alcancen el punto de no retorno. Y una vez que lleguen ahí, su éxito y tu éxito será cuestión de tiempo. Ellos y tú estarán en el camino a vivir sus sueños.

Antes de terminar, quisiera compartir contigo un mensaje que escribí en el blog de NetworkMarketingTimes. (Espero que ya conozcas esta página web, te hayas suscrito para recibir los Reportes de Liderazgo y sigas los mensajes que se escriben ahí. Es el sitio online que reúne a los más grandes líderes del mercadeo en red.)

Este mensaje habla de la importancia del trabajo que realizamos y por qué nunca debes darte por vencido. Así que por favor, acéptalo como mi regalo final para ti.

### ¡No te Atrevas a Darte por Vencido!

En nuestro negocio podemos ganar mucho dinero, ganar esos viajes a lugares exóticos y conducir esos increíbles autos. Realmente tenemos la oportunidad de lograr nuestra libertad.

Pero ese es el asunto con la libertad. Nunca es gratis...

La libertad es un subproducto del éxito y debes estar dispuesto a pagar el precio para el éxito. Y el éxito nunca está en rebaja. Debes pagar el precio del mercado. Y eso puede ser muy duro.

Lo sé. Yo luché por cinco años en este negocio. Sacrifique cosas para comprar mi orden de producto mensual. Me distancié de todas las personas a mí alrededor. Los perseguí para que ingresaran a mi negocio. Me involucré en discusión tras discusión.

Podía explicarles todas las razones racionales y lógicas por las cuales debían estar en el negocio. Y si querías argumentar conmigo, te podía explicar todas las razones por las cuales estabas siendo un idiota.

Por alguna razón, esa manera de acercamiento no funcionó muy bien. Así que cambié a la estrategia número dos…

Rogar.

Pero este acercamiento tampoco funcionó muy bien. Así que por cinco años fui a presentación tras presentación, compré audio tras audio, asistí evento tras evento. Hablé de los viajes a las playas del mundo mientras estacionaba mi auto descompuesto fuera de la vista de la gente para que no vieran lo que estaba conduciendo.

Recuerdo la primera reunión en casa que realice. Invite cerca de 14 o 15 personas y espere lleno de emoción. Por supuesto, tú sabes lo que sucedió…

Nadie llegó. Ni una sola persona.

El sentido común te diría que debía renunciar. Pero los sueños nunca se hacen realidad con el sentido común. Los sueños se hacen realidad porque son audaces, atrevidos e imaginativos. Porque son lo suficientemente fuertes para impulsarte hacia ellos.

Pude haber renunciado, debí haber renunciado, tuve que haber renunciado. Pero llegué a una conclusión que cambió todo para mí: me di cuenta que yo era la persona más ambiciosa que conocía.

Y había libertad en esa línea de pensamiento – la cual eventualmente se convirtió en libertad real.

Quisiera poder decir que después de cinco años mágicamente oprimí un botón y me convertí en millonario. Eso no es cierto. Pero las cosas comenzaron a cambiar...

Comencé a entender la importancia de un sistema y cómo funcionaba la duplicación. Comencé a trabajar el desarrollo personal diariamente, convirtiéndome menos en la persona con la que la gente no quería trabajar y más en la persona con la que sí querían trabajar. Aprendí una serie de habilidades.

Y hoy tengo esos autos exóticos, vivo en mis casas de ensueño, contribuyo con obras de caridad de una manera significativa, gano millones de dólares y disfruto de mi libertad. Y mientras valoro el dinero, los juguetes y los viajes, el Mercadeo en Red es mucho más que eso.

Por eso es que te estoy escribiendo...

He estado donde la mayoría de ustedes están y logré llegar al nivel donde la mayoría de la gente tiene miedo de soñar. Así que déjame compartir lo que he aprendido a lo largo de este camino, pero más importante, lo que quiero para ti.

Estas son las cuatro cosas que quiero para ti:

## 1. Vive una Vida de Aventura

Deja de ver actores vivir aventuras en películas y programas de televisión. Es hora de que vivas tu propia aventura.

He volado en el Concorde, he orado en la Catedral de Cristal, me he enamorado en Paris, he tomado una ducha en un avión A380, he volado en un globo de aire caliente, he visto a las ballenas jugando en Hawaii, he meditado en un Templo Shaolin, he piloteado un avión, he montado un elefante en la selva de Tailandia, he visitado los más grandes teatros de ópera del mundo, he visto un juego en el Estadio Wrigley, he galopado en caballos por las montañas y he escuchado la adoración en las mezquitas de Estambul. Y apenas estoy comenzando…

¿Ya ha comenzado tu aventura? La vida no se trata de pasar horas en el tráfico, trabajar en un cubículo o que alguien más cuide a tus hijos. La vida es para vivirla. Y eso significa que la vivas tú.

## 2. Alcanza Tu Libertad

Mira el número uno. Tu no estas hecho para despertarte con un reloj despertador. Deberías despertarte cuando termines de dormir. Cuando te despiertas, tú debes ser quien escoge cómo y con quien vas a emplear tu día. Estas hecho para ordenar del lado izquierdo del menú, no del lado derecho.

La libertad consiste en tener opciones – lo que significa escoger que auto quieres conducir, en que casa vivir o en qué lugar exótico quieres pasar tus vacaciones.

Consiste en escoger las obras de caridad que vas a apoyar, la escuela a la que quieres que tus hijos asistan y la gente que quieres en tu vida. Escoge vivir en voz alta, a todo color y con pasión.

## 3. Corregir Injusticia

¿Qué tan seguido has visto una situación que no era correcta, y no te sentiste con el suficiente poder para detenerla? ¿Cuántas veces has querido corregir algo malo, pero no tenías el tiempo o el dinero o la libertad para hacerlo?

He tenido la posibilidad de corregir muchas injusticias. Pero no podía hacer mucho de eso cuando estaba atrapado y en la quiebra. Ahora lo puedo hacer porque soy libre.

¿Quieres hacer una misión en Filipinas? ¿Ayudar a los niños hambrientos en África? ¿Apoyar a las víctimas del terremoto en Haití? Haz lo que puedas ahora, pero para poder hacer una diferencia significativa, probablemente necesites tiempo, dinero y libertad. Lo que nos lleva a...

## 4. Pasa del Éxito a la Significancia

Yo era un lavador de platos con salario mínimo que se convirtió en multi-millonario. Soy realmente bendecido. Y sí, me gustan los autos, las casas y el dinero que este negocio me ha traído.

He encontrado que todo eso te satisface por un tiempo. Pero después quieres más...

Quieres hacer la diferencia. Dejar un legado. Construir algo que prevalezca.

Ahí es donde realmente comienza la vida. Ahí es cuando sabes que el mundo es un mejor lugar porque tú estás en él – y será un mejor lugar incluso después de que te vayas.

Probablemente hagas esto apoyando el arte, construyendo un orfanato o salvando la selva virgen. Puede ser patrocinando un equipo de Ligas Menores, siendo el mentor de un joven o comenzando un hogar para mujeres abusadas. O todas las anteriores.

No sé lo que te diga tu corazón que debas hacer, pero sé que hay algo. Y eso es lo que te reto a hacer. Si, deseo tu libertad, un cómodo estilo de vida y todos los beneficios que te mereces. También te deseo amor, sentido y liderar una vida de significancia.

No será fácil; eso lo sé. Requiere sacrificio.

Porque quiere decir que a las 7 pm, cuando tu pareja esta en casa y tus hijos quieren jugar, tu estas saliendo para una presentación. Significa que vas a perder la oportunidad de asistir a la iglesia algunos fines de semana cuando estés trabajando con alguna línea a larga distancia. Significa hacer esas llamadas a los candidatos mucho después que haya pasado la emoción y la motivación de un gran evento.

Pero tengo un mantra que me llevó a ser libre. Y te puede llevar a ser libre. Aquí esta:

"Voy a hacer hoy lo que otros no hacen, para mañana poder hacer lo que otros no pueden."

¿Harías eso por mí? ¿Harías eso por ti mismo? ¿Harías eso por toda la gente que podrías llegar a ayudar?

El dolor de la disciplina es mucho más fácil de tolerar que el dolor del arrepentimiento. Cuando sientes miedo, debes profesar fe. Porque la fe es sorda, tonta y ciega.

La fe es sorda al rechazo, tonta frente al fracaso y ciega ante la posibilidad de la derrota. La fe es la sustancia de las cosas esperadas, la evidencia que las cosas no ven. Es la confianza de que lo que esperamos, realmente suceda; te da la seguridad en los resultados que aún no podemos ver.

No tenemos la posibilidad de ver esas cosas, pero tenemos la visión para ellas. Por eso es que trabajamos en el desarrollo personal cada mañana, repetimos esas afirmaciones y ponemos esas fotos en el refrigerador.

Hacer lo que hacemos no es fácil. No se supone que lo sea. Pero es simple, e importante. No solo para tu libertad y tus sueños, sino también para la libertad y los sueños de cada una de las personas con quienes harás la diferencia. Mucha gente hoy en día duda de sus creencias y cree en sus dudas. Tú tienes que ser diferente.

Por favor. No te atrevas a bajar tu mapa de sueños o las fotos de tu refrigerador. No te atrevas a permitir que tu pareja y tus hijos te vean renunciar. ¡No te atrevas a renunciar a tus sueños!

Eso es lo que te quiero decir...

Si necesitas ayuda, entra a Amazon y escoge un par de mis libros. Para entrenamiento en el conjunto de habilidades necesarias para el éxito, consigue la nueva edición de mi libro, Cómo Construir una Máquina de Dinero Multinivel.

Si tienes problemas de merecimiento o crees que puedes estar auto-saboteando tu éxito, consigue Why you're Dumb, Sick & Broke...And How to Get Smart, Healthy & Rich!

Si no tienes suficiente cupo en tu tarjeta de crédito en este momento, búscalo en la biblioteca. Pero consíguelos. Porque el sueño es real. Yo soy la prueba viviente de eso. Y puede ser real para ti.

Te lo mereces. De verdad. Cuando viste por primera vez este salvaje y loco negocio, viste algo. Sentiste algo. Supiste algo.

Algo te habló y despertó nuevamente los sueños en los que no habías pensado en mucho tiempo. Y te presentó algunos nuevos.

Vive esos sueños. Ese es mi sueño para ti.

-RG

# Acerca del Autor

Probablemente no hay nadie mejor calificado en el mundo para ayudarte a alcanzar el éxito en el Mercadeo en Red que **Randy Gage**. Su Duplication Nation (anteriormente How to Earn at Least $100,000 a Year in Network Marketing) es el audio de entrenamiento más vendido en el Mercadeo en Red, y su Escape the Rat Race es la herramienta #1 en el negocio. Sus materiales han sido traducidos a más de 25 idiomas y se han vendido millones alrededor del mundo. Randy ha ayudado a introducir el Mercadeo en Red en lugares como Eslovenia, Croacia, Bulgaria y Macedonia. Ha sido Vice-Presidente de Mercadeo para una compañía y ha servido como consultor de numerosas compañías, ha diseñado planes de compensación, ha creado materiales de mercadeo y ha desarrollado sistemas de duplicación para ellas. Randy ha conducido entrenamientos para las mejores compañías en la industria y ha hablado en más de 40 países.

A través de sus programas de entrenamiento y consultoría privada, Randy ha ayudado a las personas que más dinero ganan en numerosas compañías. Se puede decir que ha entrenado más millonarios del Mercadeo en Red que cualquier persona viva hoy en día. Pero más importante, Randy enseña desde su experiencia en el mundo real, ganando millones de dólares como distribuidor. Randy ha conducido miles de programas de entrenamiento y ha realizado otras miles presentaciones de negocio. Hace varios años le quitó el polvo a su tablero y comenzando desde cero se convirtió rápidamente en el distribuidor #1 en ingresos a nivel mundial de su compañía. Él sabe que es lo que está funcionando actualmente en el mercado, y te enseñará exactamente como alcanzar un éxito rotundo bajo estas condiciones. Randy ha hecho su dinero y continúa trabajando solamente por el reto y por apoyar a sus enrolados personales. Ha alcanzado el balance perfecto entre el trabajo y la vida. Cuando no está dibujando círculos, lo vas a encontrar jugando como 3ra base para los Carnívoros del Sur de la Florida, montando su bicicleta, corriendo autos o coleccionando historietas. Sus placeres mundanos son la ciencia ficción, Krispy Kreme y ver "So You Think You Can Dance." Randy divide su tiempo entre Miami Beach, Sydney y Paris.

# Información Adicional

## Haciendo que el Primer Círculo Funcione:
La Base para la Duplicación en el Mercadeo en Red
por Randy Gage

Disponible directamente es su librería local, online en
**www.LeveragedSales.com**
o también puedes llamar al número a continuación y
solicitar un catálogo.

Published By: Prime Concepts Group, Inc.
115 S. Hydraulic St
Wichita, KS 67211 USA

Para recibir un catálogo gratis con otras fuentes de
mercadeo en red y desarrollo personal, visítanos
online en www.LeveragedSales.com

## Tu Fuente Online para Ayudarte a Reclutar Mejor, Construir Volumen y Ganar Más Dinero

# www.LeveragedSales.com

LeveragedSales.com es la mejor fuente de herramientas de entrenamiento genéricas de mercadeo en red, prosperidad y éxito. Estamos dedicados a ayudar a aquellos en la profesión de Mercadeo en Red a reclutar más rápido, mantener a los distribuidores por más tiempo y construir un ingreso residual a largo plazo. Leveraged Sales es una división de Prime Concepts Group, Inc., y del editor y productor exclusivo de Randy Gage's Generic MLM training and succes tools.

# La Ciencia del Mercadeo en Red

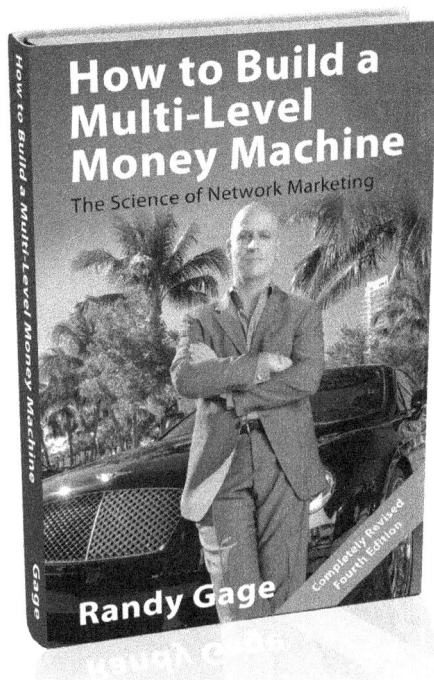

# ¡Cómo Construir una Máquina de Dinero Multinivel!

Completamente re-escrito, esta edición te provee de información actualizada en lo que funciona actualmente. Aprenderás como lograr grandes cheques de comisiones, ganar autos y viajes, y avanzar a los rangos más altos en su plan de compensación.

## El Mejor Sistema Paso a Paso en Mercadeo en Red Para Construir Su Negocio

# Duplication Nation: How to Build a Massive Network Marketing / Direct Selling Organization

Este es el entrenamiento más avanzado en la ciencia de construir una organización como siempre la has deseado. Es un completo sistema paso a paso para crecer una organización. Puede ayudar desde el principiante hasta el profesional experimentado. 12 CDs de audio o 12 DVDs de video, guía de estudio y materiales adicionales para construir el negocio.

Disponible en www.LeveragedSales.com

# Conéctate con Randy Gage

## www.RandyGage.com

## www.LeveragedSales.com

Tu Fuente Online para Ayudarte a Reclutar Mejor,
Construir Volumen y Ganar Más Dinero

**¡Descarga la NUEVA aplicación de Prosperidad!**
www.RandyGage.com/prosperitypower

**Sigue a Randy**
www.twitter.com/Randy_Gage

**Dale "me gusta" a Randy**
www.facebook.com/randygage

**Suscríbete a Randy**
www.youtube.com/randygage

**Enlázate con Randy**
www.linkedin.com/in/randygage